Zwölf Geschichten

aus sechs Religionen

Spaß am Lesen Verlag
www.einfachebuecher.de

Dieses Buch gehört zur Reihe *Volkserzählungen*.

Autorin: Anita Ganeri
Übersetzung aus dem Englischen: Frans van Duijn
Niederländische Originalausgabe: Eenvoudig Communiceren
Deutsche Übersetzung und Redaktion: Spaß am Lesen Verlag

Illustrationen und Fotos (alle): Shutterstock

ISBN: 978-3-910531-22-2

Zwölf Geschichten

aus sechs Religionen

Anita Ganeri

Inhalt

Einleitung

In allen großen Weltreligionen sind Geschichten sehr wichtig. Auch im Hinduismus, Buddhismus, Judentum, Christentum, Sikhismus und Islam spielen Geschichten eine große Rolle. Sie sind oft viele Hundert Jahre alt. Sie werden erzählt, um den Menschen ihren Glauben besser zu erklären. Denn Geschichten helfen dabei, schwierige Botschaften zu verstehen.

Viele Geschichten handeln von Erlebnissen aus dem Leben von Propheten, Lehrern, Anführern, Göttern und Göttinnen. Andere Geschichten erklären rätselhafte Dinge. Zum Beispiel die Erschaffung der Welt oder warum wir als Menschen auf der Erde sind. Oft haben die Geschichten eine wichtige Botschaft.

Die meisten Religionen gibt es schon seit Tausenden von Jahren. Und jede Religion hat Hunderte von eigenen Geschichten. In diesem Buch stehen zwölf Geschichten aus sechs Religionen.

8

Hinduismus

Der Hinduismus entstand vor ungefähr 5.000 Jahren in Indien. Hindus glauben daran, dass alles auf der Welt von einem einzigen Geist geschaffen wurde. Diesen Geist nennen sie Brahma. Brahma ist der Schöpfer, der das Leben erschafft. Hindus bezeichnen Brahma auch als Gott.

Hindus glauben auch daran, dass es viele Götter und Göttinnen gibt. Aber jeder Gott und jede Göttin ist in Wirklichkeit Brahma selbst. Er erscheint in vielen Gestalten.

Zwei wichtige Götter sind Vishnu und Shiva. Vishnu ist der Beschützer. Und Shiva ist der Zerstörer. Das klingt schlimm. Aber für Hindus gehören Zerstörung und Tod auch zum Leben.

Die Geburt vom blauen Gott

Das indische Königreich Mathura liegt im Norden von Indien. Hier regiert der böse König Kamsa. Der König ist sehr unbeliebt. Doch niemand wagt es, ihm zu widersprechen. Alle haben viel zu viel Angst vor ihm. Aber die Schwester von König Kamsa ist ganz anders. Ihr Name ist Devaki. Sie ist sehr gütig und liebevoll. Sie lebt mit ihrem Mann Vasudeva im Palast vom König.

Eines Tages sind die drei zusammen unterwegs. Plötzlich hören sie eine Stimme vom Himmel. „Hüte dich, o König“, flüstert die Stimme. „Hüte dich vor den Kindern deiner Schwester. Denn das achte Kind wird dich töten!“

Dann ist es wieder still. König Kamsa bekommt Angst. Was, wenn die Stimme die Wahrheit sagt? Er muss seine Schwester sofort töten. So kann die Vorhersage nicht wahr werden. Kamsa zieht sein Schwert und geht auf Devaki zu. Doch Vasudeva sieht das und fällt auf die Knie. Er fleht den bösen König an, Devaki nicht zu töten.

„Lass Devaki bitte am Leben“, sagt Vasudeva. „Töte nicht sie, töte unsere Kinder. Wir werden sie dir geben, wenn sie geboren sind.“

König Kamsa denkt kurz nach. Dann stimmt er zu. Er sperrt Devaki und Vasudeva ins Gefängnis und lässt sie Tag und Nacht bewachen. So ist er sicher, dass sie nicht fliehen können.

Devaki und Vasudeva sind jahrelang gefangen. Devaki bringt in dieser Zeit sieben Kinder zur Welt. Und der böse Kamsa tötet sie alle.

Der Gott Vishnu beobachtet das Geschehen von seinem Haus im Himmel aus. Und er sieht, was Kamsa tut. Vishnu weiß, wie er eingreifen kann.

„Ich selbst werde das achte Kind von Devaki sein“, sagt Vishnu. „Ich möchte als Baby Krishna geboren werden.“

Und so passiert es. Eines Nachts im August bringt Devaki einen wunderschönen kleinen Jungen zur Welt. Der Junge ist Vishnu, in der Gestalt des Babys Krishna.

Wegen der Geburt des kleinen Krishna herrscht Frieden im Königreich. Das Wasser in den Flüssen ist klar. In den Seen wachsen unzählige Lotusblumen. In den Wäldern singen die Vögel. Wunderschöne Musik erklingt vom Himmel. Alle sind glücklich. Nur Devaki weint. Denn sie muss ihr Kind dem König überlassen.

„Gib mir den Jungen", sagt Vasudeva. „Ich sorge dafür, dass er in Sicherheit ist. Der König wird dieses Kind nicht töten."

Vasudeva flieht aus dem Gefängnis. Leise geht er an den Wachen des Königs vorbei. Die Götter haben die Wachen in einen tiefen Schlaf versetzt. So kommt Vasudeva leicht an ihnen vorbei.

Dann kommt Vasudeva an einen Fluss. Er hält das Baby hoch über seinen Kopf und stapft durch den Fluss. Die ganze Zeit klopft sein Herz laut. Was, wenn die Wachen wach werden? Was, wenn sie Alarm schlagen?

Nach einer Weile kommt Vasudeva zu einem Dorf. Das Dorf liegt ein Stück außerhalb des Königreichs.

Hier sind er und das Baby sicher. Er klopft an die Tür des ersten Hauses, das er sieht. Es ist das Haus von einem freundlichen Bauern. Die Frau des Bauern hat auch gerade ein Baby bekommen, ein kleines Mädchen.

Vasudeva tauscht seinen Sohn gegen das kleine Mädchen vom Bauern aus. Dann kehrt Vasudeva mit dem kleinen Mädchen ins Gefängnis zurück.

Am nächsten Morgen übergibt Vasudeva dem König das Kind. König Kamsa will es töten. Aber dann schwebt das Mädchen aus seinen Händen hinaus und hoch in den Himmel. Denn auch dieses Kind ist eigentlich eine Göttin.

Der König ist wütend. Denn er weiß jetzt, dass Vasudeva ihn getäuscht hat. Er lässt seinen Palast nach dem echten Kind von Devaki durchsuchen. Und er schickt seine Soldaten durch das ganze Land. Sie sollen alle neugeborenen Jungen töten.

Aber die Soldaten können Krishna nicht finden. Denn das Dorf von dem Bauern liegt nicht im Königreich.

Und was ist mit der Vorhersage?
Viele Jahre später hört König Kamsa, dass Krishna noch lebt. Der König schickt einen Soldat nach dem anderen auf die Suche nach ihm. Schließlich sendet der König eine Einladung an Krishna. Er fordert Krishna zu einem Ringkampf gegen zwei starke Ringer auf.

Krishna nimmt die Einladung an. Und gleich zu Beginn des Kampfes tötet Krishna die beiden Ringer. Dann tötet er den bösen König selbst.
So, wie es die Stimme damals vorhergesagt hat.

Wusstest du das?

Jedes Jahr feiern die Hindus den Geburtstag von Krishna mit einem großen Fest. Es findet im August oder September statt. Im Tempel wird dann eine Wiege aufgestellt. Die Wiege wird mit einem Tuch bedeckt. Um Mitternacht wird das Tuch abgenommen. Denn die Hindus glauben, dass Krishna um Mitternacht geboren wurde. In der Wiege liegt dann ein Bild von Baby Krishna.

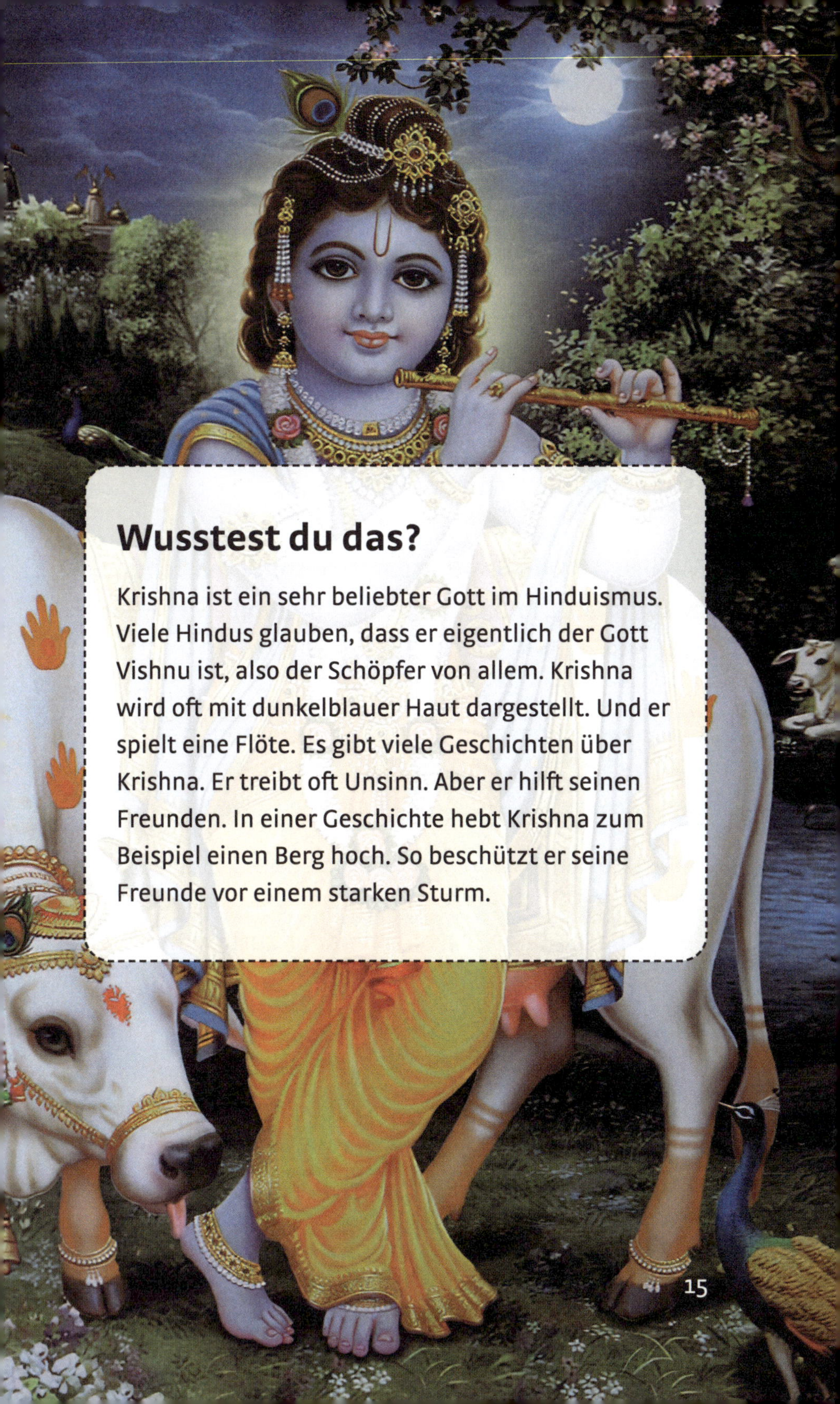

Wusstest du das?

Krishna ist ein sehr beliebter Gott im Hinduismus. Viele Hindus glauben, dass er eigentlich der Gott Vishnu ist, also der Schöpfer von allem. Krishna wird oft mit dunkelblauer Haut dargestellt. Und er spielt eine Flöte. Es gibt viele Geschichten über Krishna. Er treibt oft Unsinn. Aber er hilft seinen Freunden. In einer Geschichte hebt Krishna zum Beispiel einen Berg hoch. So beschützt er seine Freunde vor einem starken Sturm.

Durga und der dämonische Büffel

Vor langer Zeit lebt ein Dämon mit dem Namen Mahishasura. Er wird auch Mahish genannt.
Er ist der stärkste und der mutigste von allen Dämonen. Überall wo er hingeht, bringt er Unglück. Denn Dämonen sind böse Geister.

Mahish hat von Brahma einen besonderen Schutz bekommen. Denn Mahish kann nur von einer Frau getötet werden. Sonst wird er ewig leben.

Eines Tages kommen die anderen Dämonen zu Mahish. Sie bitten ihn um Hilfe.
„Oh, großer Mahishasura", sagen sie. „Wir herrschten früher im Himmel. Aber dann kamen die Götter und Göttinnen. Und sie beendeten unsere Herrschaft. Aber wir wollen wieder zurück. Keiner ist so stark und so mächtig wie du. Bitte hilf uns, den Himmel zurückzuerobern."

Mahish verspricht es. Und er geht mit seiner Armee in die Stadt der Götter.

Hundert Jahre lang kämpfen die Dämonen und die Götter gegeneinander. Am Ende gewinnen die Dämonen den blutigen Kampf. Sie vertreiben die Götter aus dem Himmel. Und sie machen Mahish zu ihrem König.

Die Götter sind wütend und unglücklich.
Sie versammeln sich, um sich zu besprechen.
„Wir müssen diese Dämonen vernichten", sagen sie.
„Und zwar für immer!"

Dann machen alle Götter ihre Augen zu. Sie beschwören ihre Kräfte und bitten um Hilfe. Da erscheint ein helles Licht. Und aus diesem Licht tritt eine Gestalt. Das ist Durga, die Göttin des Krieges. Sie reitet auf einem wilden Löwen. Alle Götter übergeben Durga ihre gefährlichsten Waffen. Dann zieht Durga mit ihrer Armee zum Palast von Mahish.

„Ich werde es den Dämonen zeigen", sagt Durga.
„Denn ich habe keine Angst vor ihnen."

Die Dämonen greifen Durga von allen Seiten an. Aber der Löwe von Durga tötet einen Dämonen nach dem anderen, bis alle Dämonen vernichtet

sind. Dann ist nur noch König Mahish übrig. Mahish verwandelt sich in einen großen Büffel. Die Erde bebt unter seinen Hufen. Er nimmt die Berge auf seine Hörner und wirft sie in die Luft. Er schlägt mit seinem Schwanz auf das Meer. Das ist ein schrecklicher Anblick.

Durga nimmt ein Seil und fängt den Büffel ein. Aber der Büffel verwandelt sich in einen Löwen und schlüpft aus dem Seil. Durga versucht wieder, ihn zu fangen. Da verwandelt Mahish sich in einen Menschen. Und dann in einen Elefanten. Und dann wieder in einen Büffel.

Diese Gelegenheit nutzt Durga aus. Sie stößt den Büffel mit dem Fuß zu Boden. Mahish verwandelt sich wieder in einen Dämon. Genau in dem Moment schlägt Durga ihm mit dem Schwert den Kopf ab. Und so hat eine Frau den Dämon Mahishasura getötet.

Bald darauf kehren die Götter an ihren Platz im Himmel zurück. Sie tanzen und singen. Alle feiern den Sieg von Durga. Denn der Sieg bringt Ruhe und Frieden in die Welt zurück.

Wusstest du das?

Durga ist ein anderer Name für Parvati. Sie ist die Frau von Shiva. Shiva ist ein wichtiger Gott. In der Einleitung hast du schon etwas über Shiva gelesen.
Seine Frau Parvati ist eine starke und mächtige Göttin. Sie wird auf Gemälden mit vielen Armen abgebildet. So kann sie alle Waffen halten, die ihr die Götter gegeben haben: Pfeil und Bogen, eine Wurfscheibe, einen Dreizack und ein scharfes Schwert. Durga reitet auf einem Löwen oder Tiger. Und sie bläst in eine große Muschel, die aussieht wie ein Schneckenhaus. Damit ruft sie ihre Krieger auf das Schlachtfeld.

Wusstest du das?

Jedes Jahr feiern die Hindus den Sieg von Durga über Mahishasura mit dem Fest „Durga Puja“. Es wird im September oder Oktober gefeiert. Alle Hindus gehen in den Tempel. Sie legen Blumen und Speisen an einer Statue von Durga nieder. Am Ende des Festes tragen die Gläubigen die Statue durch die Stadt und versenken sie im Wasser.

Buddhismus

Buddhisten leben nach den Lehren von Siddhartha Gautama. Dieser Mann lebte vor etwa 2.500 Jahren in Indien. Er sah das ganze Leiden in der Welt. Und er wollte das Leiden beenden. Er überlegte, wie man das schaffen kann.

Als Siddhartha die Lösung fand, wurde er als „Buddha“ bekannt. Das Wort „Buddha“ bedeutet: „einer, der wach ist“. Buddha konnte die Dinge so sehen, wie sie wirklich sind.

Buddhisten nutzen die Lehren von Buddha als Leitfaden für ihr Leben.

In diesem Buch stehen zwei Geschichten über das Leben von Buddha.

Siddhartha und der Schwan

Siddhartha wächst im Palast von seinem Vater auf. Er ist ein braves Kind. Und er ist sehr klug. So klug, dass er bald mehr weiß als seine Lehrer. Er lernt auch, mit Pfeil und Bogen zu schießen. Und mit dem Schwert zu kämpfen. Denn sein Vater ist ein König. Siddhartha soll sein Nachfolger werden. Und ein König muss kämpfen können.

Siddhartha tut, was sein Vater will. Aber nach dem Unterricht geht er oft in den Garten vom Palast. Dort sitzt er viele Stunden und beobachtet die Vögel und anderen Tiere.

Eines Tages sitzt Siddhartha am See. Über ihm fliegt eine Gruppe weißer Schwäne. Plötzlich stürzt einer der Schwäne vom Himmel. Der Schwan fällt direkt vor Siddhartha. Ein Pfeil steckt in seinem Flügel.

„Armer Schwan", sagt Siddhartha. „Du brauchst keine Angst zu haben. Ich kümmere mich um dich."

Vorsichtig zieht Siddhartha den Pfeil aus dem Flügel. Dann wickelt er den Schwan in seine Jacke, um ihn zu wärmen. Da rennt sein Cousin auf ihn zu. Der Cousin ist sehr aufgeregt. Er hat Pfeil und Bogen dabei.

„Was machst du da?“, ruft er. „Das ist mein Schwan, nicht deiner! Ich habe ihn mit meinem Pfeil getroffen. Gib ihn mir zurück, sonst …“

Aber Siddhartha gibt den Schwan nicht her. Sein Cousin und er streiten sich. Keiner gibt nach. Deshalb gehen sie zu Siddharthas Vater, dem König. Er soll entscheiden, wer im Recht ist.

Der König und seine Berater hören sich die Geschichte der Jungen an. Aber wem gehört nun der Schwan?

„Der Schwan gehört dem Cousin. Er hat ihn mit seinem Pfeil getroffen hat“, sagt ein Berater.

„Aber Siddhartha hat den Schwan gefunden. Deshalb gehört ihm der Schwan“, sagt ein anderer Berater.

So können sich auch die Berater vom König nicht einigen.

„Ich kann euch helfen“, ertönt da eine sanfte Stimme. Alle drehen sich um. In der Tür steht ein sehr alter Mann. Noch nie hat jemand diesen Mann gesehen.

„Kein Mensch will Schmerzen haben oder sterben. Und so ist es auch bei den Tieren“, sagt der Mann. „Gebt den Schwan dem Jungen, der ihm das Leben gerettet hat. Und nicht dem Jungen, der ihn töten wollte.“

Und so darf Siddhartha den Schwan behalten. Und er kümmert sich gut um das Tier. Als es dem Schwan besser geht, bringt Siddhartha ihn in den Garten vom Palast. Und dort lässt er den Schwan wieder frei.

Wusstest du das?

Buddhisten halten sich jeden Tag an diese fünf Regeln:

1. Verletzt oder tötet keine Lebewesen, sondern helft euch gegenseitig.
2. Stehlt nichts. Verschenkt lieber etwas.
3. Seid nicht gierig. Seid zufrieden mit dem, was ihr habt.
4. Lügt nicht. Sagt nichts Unfreundliches.
5. Trinkt keinen Alkohol und nehmt keine Drogen, sondern behaltet einen klaren Kopf.

Wusstest du das?

Für Buddhisten ist es sehr wichtig, alle Tiere gut zu behandeln. Denn sie glauben daran, dass auch Tiere Gefühle haben. Man soll Tieren nicht wehtun. Sondern man soll ihnen helfen, wenn sie in Not sind. So, wie Siddhartha es in dieser Geschichte tut. Man soll zum Beispiel liebevoll mit seinem Haustier umgehen. Oder Spinnen aus dem Haus nicht töten, sondern vorsichtig nach draußen setzen.

Die vier Begegnungen

Siddhartha lebt im Palast von seinem Vater. Sein Leben ist voller Luxus. Er isst die leckersten Speisen und er trägt die schönsten Kleider aus Seide. Sein Vater will, dass sein Sohn ein mächtiger König wird. Deshalb ist Siddhartha die meiste Zeit im Palast.

Der König will nicht, dass sein Sohn das Leiden in der Welt sieht. Denn dann wird Siddhartha den Palast verlassen und Lehrer werden. Das hat ein weiser Mann bei seiner Geburt vorhergesagt. Und der König hat Angst, dass diese Vorhersage wahr werden kann.

Siddhartha hat ein schönes Leben im Palast. Er heiratet eine Prinzessin aus einem anderen Königreich. Der König schenkt Siddhartha und seiner Prinzessin alles, was sie sich wünschen. Aber trotzdem ist Siddhartha unruhig. Er langweilt sich. Er spürt, dass es mehr zu entdecken gibt als nur den Reichtum und den Luxus im Palast.

Als Siddhartha 29 Jahre alt ist, ändert sich sein Leben für immer.

Siddhartha will mit seinem Diener Channa einen Ausflug machen. Aber nicht durch die Gärten rund um den Palast. Er will weiter ins Land hinaus. Denn dort ist er noch nie gewesen.

Channa holt vier weiße Pferde. Er spannt sie vor eine schöne Kutsche. Dann fährt er mit Siddhartha aus dem Palast.

Auf der Fahrt sieht Siddharta am Straßenrand einen sehr alten Mann. Der Mann ist bucklig und dünn. Und er stützt sich auf einen Stock. Siddhartha ist sehr erschrocken.

„Wer ist dieser Mann?“, fragt er Channa. „Und was ist mit ihm? Warum ist seine Haut so trocken und faltig, und warum ist sein Körper so dünn und bucklig?“

„Das ist nur ein alter Mann, Herr“, antwortet Channa. „Das wird uns allen passieren. Du, ich, deine Frau, wir alle werden einmal alt.“

Nach einer Stunde fahren sie zurück zum Palast. Siddhartha sitzt in der Kutsche und sieht hinaus. Er denkt lange über das nach, was er gesehen hat.

Am nächsten Tag fahren Siddhartha und Channa wieder mit der Kutsche los. Dieses Mal sehen sie einen kranken Mann. Sein Körper zittert vor Schmerzen. Er ist so schwach, dass er nicht mehr stehen kann. Stöhnend liegt der Mann auf der Erde.

„Guck da, Channa!", ruft Siddhartha. „Wer ist dieser arme Mann? Und warum zittert und stöhnt er so sehr?"

„Das ist nur ein kranker Mann, Herr", antwortet Channa. „Du solltest dir keine Sorgen machen. Jeder fühlt sich manchmal krank."

Aber Siddhartha ist bestürzt. Der kranke Mann macht ihn traurig. Er bittet Channa, zurück zum Palast zu fahren. Denn er will über die Begegnung nachdenken.

Und es wird noch schlimmer. Am nächsten Tag fahren sie wieder aus dem Palast.

Da kommen sie an einer Gruppe von trauernden Menschen vorbei. Die Menschen gehen weinend hinter einer Kutsche her. In der Kutsche ist ein Leichnam aufgebahrt.

„Channa, warum liegt dieser Mann so still in der Kutsche?“, fragt Siddhartha. „Schläft er? Und warum weinen diese Leute?“

Channa erklärt:
„Dieser Mann ist tot, Herr. Und diese Leute sind seine Familie und seine Freunde. Sie sind traurig, weil der Mann nicht mehr am Leben ist. Aber sie wissen, dass sie nichts dagegen tun können. Denn jeder stirbt. Wir werden alle eines Tages sterben.“

Zurück im Palast denkt Siddhartha lange über alles nach, was er gesehen hat. Denn er hat zum ersten Mal das Leid von anderen Menschen gesehen.

„Aber was ist dann der Sinn vom Leben?“, fragt er traurig. „Warum werden wir geboren, wenn wir doch sowieso alle alt und krank werden und am Ende sterben?“

Dieses Mal kennt auch sein kluger Diener Channa die Antwort nicht.

Am nächsten Tag spannt Channa die Pferde wieder vor die Kutsche. Und wieder fährt er mit Siddhartha aus dem Tor vom Palast.

Kurz darauf sehen sie einen armen Mönch. Sein Kopf ist kahlgeschoren. Er geht barfuß. Er besitzt nur seine Kleider und eine Schale. Aber in seinen Augen liegt ein tiefer Frieden.

„Dieser Mann scheint glücklich zu sein“, sagt Siddhartha. „Obwohl er nicht viel besitzt. Wer ist dieser Mann, Channa?“

„Herr, das ist ein heiliger Mann“, antwortet Channa. „Er hat all das Leiden auf der Welt gesehen: Alter, Krankheit und Tod. Er hat seinen ganzen Besitz verschenkt, um das wahre Glück zu finden. Er besitzt nur die Kleidung, die er trägt. Und eine Schüssel, aus der er isst. Sonst nichts.“

Endlich weiß ich, was ich tun muss, denkt Siddhartha. Ich will wie dieser heilige Mann leben.

Ich werde mein Haus und meinen Besitz zurücklassen. Ich will das Leid, das ich gesehen habe, beenden. Ich werde nach Wegen suchen, wie ich das tun kann.

Spät in der Nacht kehrt Siddhartha in den Palast zurück. Er bittet Channa, sein Pferd zu satteln. Leise verabschiedet er sich von seiner schlafenden Frau und seinem neugeborenen Sohn. Dann reitet er mit Channa gemeinsam aus dem Palast.

Sie reiten eine lange Zeit, bis sie zu einem Fluss kommen. Hier zieht Siddhartha seine teuren Kleider aus. Er zieht die einfache Kleidung eines Bettlers an. Dann nimmt er sein Schwert und schneidet sich die langen Haare ab. Zum Schluss verabschiedet er sich von Channa.

„Mein lieber Channa“, sagt er. „Bring meine Kleider und mein Pferd zurück zum Palast. Und sag meinem Vater und meiner Frau, dass ich fort bin. Sag ihnen, sie sollen sich keine Sorgen machen. Eines Tages werde ich zurückkommen und erzählen, was ich weiß. Aber jetzt muss ich mich auf den Weg machen.“

Wusstest du das?

Buddhisten führen ein einfaches Leben. So versuchen sie, das Glück im Leben zu finden. Sie sind freundlich und nehmen Rücksicht auf andere. Manche Buddhisten leben so wie Buddha. Sie lassen ihre Häuser und ihren Besitz zurück. Und sie werden Mönche oder Nonnen. Sie meditieren und lehren anderen die Weisheiten von Buddha. Sie tragen einfache Kleidung und rasieren sich die Haare ab. Das zeigt, dass sie ganz für ihren Glauben leben. Sie leben nach den Lehren von Buddha.

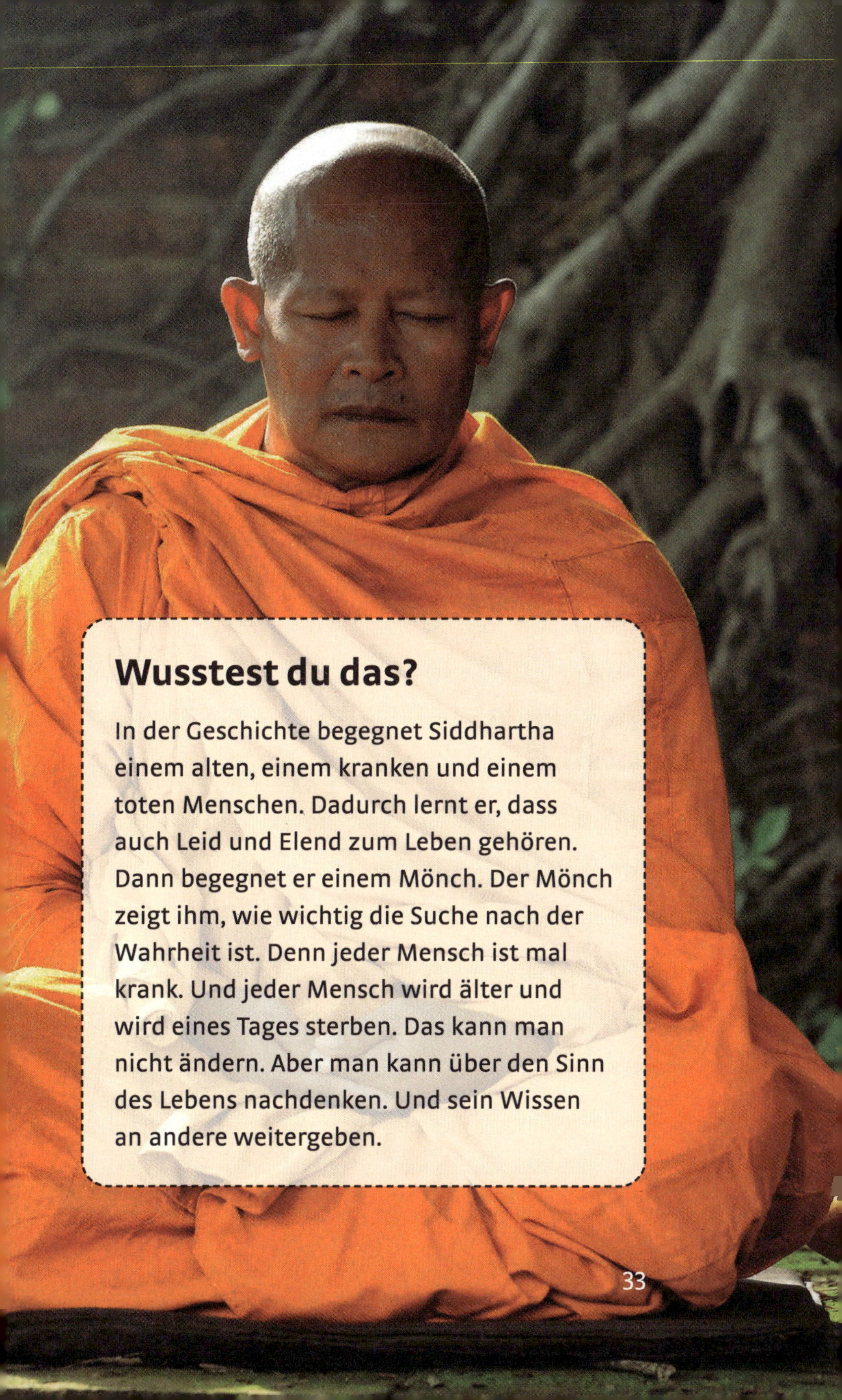

Wusstest du das?

In der Geschichte begegnet Siddhartha einem alten, einem kranken und einem toten Menschen. Dadurch lernt er, dass auch Leid und Elend zum Leben gehören. Dann begegnet er einem Mönch. Der Mönch zeigt ihm, wie wichtig die Suche nach der Wahrheit ist. Denn jeder Mensch ist mal krank. Und jeder Mensch wird älter und wird eines Tages sterben. Das kann man nicht ändern. Aber man kann über den Sinn des Lebens nachdenken. Und sein Wissen an andere weitergeben.

Judentum

Im heiligen Buch der Juden steht, dass Abraham der erste Jude war. Er lebte vor mehr als 4.000 Jahren im Nahen Osten. Abraham lehrte alle, die ihm begegneten, nur einen Gott zu verehren. Und nicht mehrere Götter, wie es zu dieser Zeit üblich war.

Juden glauben daran, dass Gott mit Abraham einen Vertrag geschlossen hat. Gott sagte Abraham, die Juden sollten gerecht und weise leben. Dann würde er immer auf sie aufpassen.

Juden erzählen sich oft Geschichten über ihre lange Vergangenheit. Im Alltag und an Feiertagen. Diese Geschichten stehen in der Tora. Das ist das heilige Buch von den Juden.

Geschichten aus der Tora stehen auch in den heiligen Büchern von anderen Religionen. Zum Beispiel in der Bibel der Christen und im Koran der Muslime.

Die Geschichte von der Schöpfung

Zu Beginn erschafft Gott den Himmel und die Erde. Aber die Erde ist nicht bewohnt. Alles ist dunkel. Und auf der Erde gibt es nur Wasser.

„Es soll Licht werden“, sagt Gott.

Und plötzlich wird es hell auf der Erde. Dann trennt Gott das Licht von der Dunkelheit.

„Das Licht nenne ich Tag“, sagt Gott. „Und die Dunkelheit nenne ich Nacht.“

Das ist der erste Tag der Schöpfung.

Am zweiten Tag erschafft Gott den Himmel. Er spannt den Himmel hoch über der Erde auf.

Am dritten Tag erschafft Gott das feste Land. Gott sagt: „Es soll Gras aus der Erde wachsen. Und die Pflanzen sollen Samen haben. Aus diesen Samen sollen neue Pflanzen wachsen. Und alle Arten von Bäumen.“

Bald wachsen überall Gräser, Bäume und andere Pflanzen. Und Gott ist zufrieden mit dem, was er sieht.

Am vierten Tag sagt Gott: „Es soll ein Licht am Himmel sein. Das Licht ist ein Zeichen. Damit kann man die Jahreszeiten, die Tage und die Jahre ablesen. Und das Licht wird auf die Erde scheinen."

Gott erschafft zwei große Lichter am Himmel. Die Sonne, die am Tag scheint. Und den Mond, der in der Nacht scheint.

Am fünften Tag sagt Gott: „Auch die Meere sollen voll mit Leben sein. Fische sollen darin schwimmen. Und am Himmel sollen die Vögel fliegen und singen."

Gott erschafft auch große Wale und all die anderen Tiere, die im Meer schwimmen. Und Gott segnet sie alle.

Er sagt zu ihnen: „Überall im Meer und auf der Erde soll es Leben geben. Ihr müsst also Nachwuchs bekommen."

Am sechsten Tag erschafft Gott alle Tiere, die an Land leben. Zum Beispiel das Vieh, wilde Tiere und Insekten.

Dann sagt Gott: „Jetzt will ich die Menschen erschaffen."

Und er erschafft einen Mann und eine Frau. Er formt sie so, dass sie aussehen wie er selbst.

Gott segnet sie und sagt zu dem Mann: „Du wirst der Herr auf Erden sein. Und nach dir deine Kinder. Sieh dir all die grünen Pflanzen und die Bäume voller Früchte an. Die könnt ihr essen."

Gott sieht sich an, was er geschaffen hat. Und er sieht, dass es gut ist. Nun ist die Schöpfung vollendet und die Erde voll mit Leben.

Am siebten Tag ruht Gott sich von seiner Arbeit aus. Er sagt: „Dieser Tag soll ab jetzt ein Tag der Ruhe sein."

Das ist die Geschichte von der Schöpfung.

Wusstest du das?

Juden feiern die Schöpfung der Welt mit dem Fest „Rosch Haschanah“. Es wird im September gefeiert. In dieser Zeit denken die Juden auch darüber nach, ob sie Fehler gemacht haben. Sie versprechen, diese Fehler wieder gutzumachen. Am Abend von Rosch Haschanah schenken sich die Menschen in Honig getauchte Apfelstücke. So wünschen sie sich gegenseitig ein süßes neues Jahr.

Wusstest du das?

Der siebte Tag ist den Juden heilig. Der Tag dient zum Ausruhen und Beten. Juden nennen den siebten Tag „Sabbat“. Der Sabbat beginnt am Freitag nach Sonnenuntergang. Dann werden zwei Kerzen angezündet und ein Gebet namens „Kidusch“ gesprochen. Danach ist es Zeit für das gemeinsame Essen. Am Samstagmorgen gehen viele Juden in die Synagoge. Das ist der Ort, an dem sich Juden zum Beten versammeln. Der Sabbat endet am Samstagabend, wenn die ersten Sterne am Himmel erscheinen.

Josef und seine Brüder

Vor langer Zeit lebt Jakob im Land Kanaan. Er lebt dort mit seinen 12 starken Söhnen.
Der zweitjüngste Sohn ist Josef. Josef kommt viel später als seine älteren Brüder zur Welt. Deshalb liebt sein Vater ihn am meisten.

Eines Tages schenkt Jakob seinem Lieblingssohn einen wunderschönen, bunten Mantel. Josefs Brüder sind deshalb sehr wütend. Sie sind eifersüchtig. Sie mögen Josef nicht, weil er der Lieblingssohn ihres Vaters ist. Und ihr Hass wird noch größer, als Josef ihnen von seinem Traum erzählt. In dem Traum sieht Josef, wie sich die ganze Familie vor ihm verbeugt. So will die Familie Josef ehren. Selbst Josefs Vater findet den Traum nicht gut. Aber Josef stört das nicht.

Eines Tages gehen die Brüder von Josef auf die Weide. Denn sie müssen ihre Schafe füttern.
Nach einiger Zeit sagt Jakob: „Josef, geh auf die Weide und sieh nach, wie es deinen Brüdern geht. Und dann komm zurück und erzähl es mir.“

Josef macht sich auf den Weg zu der Weide. Seine Brüder sehen ihn schon von Weitem kommen. Sie schmieden schnell einen Plan, um Josef für immer loszuwerden. Sie nehmen Josef den bunten Mantel ab. Dann verkaufen sie ihren Bruder an ein paar Kaufleute, die gerade vorbeikommen. Zum Schluss töten sie eine Ziege und schmieren das Blut der Ziege auf den Mantel von Josef.

„Wir sagen Vater, dass Josef von einem wilden Tier gefressen wurde“, sagen die Brüder zueinander.

Als Jakob den Mantel voller Blut sieht, bricht ihm das Herz. Er weint und weint und niemand kann ihn trösten.

Die Kaufleute sind auf dem Weg nach Ägypten. Dort verkaufen sie Josef weiter an Potifar. Potifar ist einer der wichtigsten Beamten vom Pharao, also dem Herrscher von Ägypten.

Josef wird schnell der beste Diener von Potifar. Und Potifar ernennt Josef zum Leiter vom Haushalt. Aber die Frau von Potifar erzählt Lügen über Josef. Deshalb muss Josef ins Gefängnis.

Dort wird Josef dafür bekannt, dass er Träume von anderen Gefangenen deuten kann. Einer von diesen Gefangenen ist der Wein-Ausschenker des Pharao.

„Ich träumte von drei Weintrauben. Und von einem Becher Wein in der Hand des Pharaos", sagt der Wein-Ausschenker.
Josef antwortet: „Du wirst in drei Tagen freigelassen. Und du wirst deine Stelle beim Pharao wiederbekommen."
Und genau so geschieht es. Der Wein-Ausschenker verspricht Josef, dass er ihn nie vergessen wird.

Viele Jahre vergehen. In einer Nacht hat der Pharao einen seltsamen Traum. Er sieht im Traum sieben schöne, fette Kühe aus dem Nil steigen. Dann steigen sieben hässliche, magere Kühe aus dem Fluss. Die mageren Kühe fressen die fetten Kühe auf. Dann träumt der Pharao von sieben fetten Getreidehalmen. Sie werden von sieben dünnen, schlaffen Getreidehalmen aufgefressen.

Der Pharao wacht auf und ist ratlos. Was bedeuten diese Träume?

Sein Wein-Ausschenker erzählt ihm von Josef:
„Es gibt einen guten Traumdeuter in Eurem Gefängnis, Eure Majestät."

„Bringt ihn zu mir", sagt der Pharao. „Und zwar sofort!"

Kurz darauf steht Josef vor dem Pharao. Der Pharao erzählt ihm seine Träume.

„Majestät", sagt Josef. „Beide Träume bedeuten das Gleiche. Gott zeigt dir, was er tun wird. Ägypten wird sieben Jahre lang in großem Wohlstand leben. Das Getreide wird gut wachsen. Und es wird genug zu essen für alle geben. Aber danach wird es sieben Jahre lang schlechte Ernten geben. Du musst einen klugen Mann zum Verwalter von Ägypten ernennen. Er soll das Getreide aus den guten Jahren einlagern. Das kannst du verteilen, wenn eine Hungersnot droht. Dann wird niemand in Ägypten hungern müssen."

Der Pharao ist mit diesem Rat zufrieden.
Er weiß sofort, wer der Verwalter werden soll:
Josef.

Der Pharao schenkt Josef einen goldenen Ring mit dem königlichen Siegel und eine goldene Halskette.

Josef macht seine Sache gut. Alles kommt so, wie er es vorausgesagt hat. In den Jahren von Überfluss und Wohlstand füllt Josef die Vorratskammern mit Getreide. Und als die Hungersnot kommt, hat das Volk von Ägypten genug zu essen.

Auch im Land Kanaan, das neben Ägypten liegt, gibt es eine Hungersnot. Josefs Vater Jakob hört, dass es in Ägypten genug zu essen gibt. Also schickt er seine Söhne nach Ägypten, um dort Getreide zu kaufen. Zehn Brüder von Josef ziehen los. Nur Benjamin, der jüngste Sohn, bleibt bei seinem Vater.

Die Brüder kommen zu Josef und verneigen sich vor ihm. Josef erkennt sie sofort. Aber die Brüder erkennen Josef nicht. Denn Josef sieht aus wie ein König. Die Brüder bitten ihn um etwas zu essen. Aber Josef beschuldigt sie als Spione und lässt sie ins Gefängnis werfen.

„Wollt ihr eure Unschuld beweisen?", fragt er. „Dann geht nach Hause und holt euren jüngsten Bruder her."

Also holen die Brüder den kleinen Benjamin und bringen ihn nach Ägypten. Josef ist sehr glücklich darüber, seinen jüngsten Bruder zu sehen. Aber er darf seine Freude nicht zeigen. Er bringt seinen Brüdern eine Mahlzeit. Dann füllt er ihre Säcke mit Getreide. Aber in einem Sack versteckt er einen silbernen Becher. Nun wollen die Brüder zurück nach Hause gehen.

Doch in diesem Moment ruft Josef: „Mir fehlt ein silberner Becher!" Er sieht die Brüder böse an. „Wenn ich den Dieb erwische, muss er bleiben und mein Sklave sein!", sagt er.

Die Diener von Josef sehen in allen Säcken nach. Sie finden den Becher in dem Sack von Benjamin. Die Brüder können es kaum glauben. Das kann doch nicht sein! Benjamin ist doch kein Dieb!

Juda, einer der Brüder, fleht Josef an: „Ich will dein Sklave werden anstelle von meinem Bruder!

Mein Vater hat schon einen von seinen liebsten Söhnen verloren. Wenn er auch Benjamin verliert, wird er das nicht verkraften.“

Da kann Josef es nicht mehr ertragen. Er befiehlt den Dienern, den Raum zu verlassen. Als er mit seinen Brüdern allein ist, beginnt er zu weinen.

„Habt keine Angst“, sagt er. „Ich bin Josef, euer Bruder. Ihr habt mich als Sklaven verkauft. Und Gott hat mich hierher gebracht, um euer Leben zu retten. Geht jetzt schnell zurück nach Kanaan. Sagt meinem lieben Vater, dass ich noch lebe. Bringt ihn und eure Familien hierher nach Ägypten. Von nun an werdet ihr hier mit mir leben.“

Und so ziehen Jakob und seine Söhne zu Josef nach Ägypten.

Wusstest du das?

Im alten Ägypten waren die meisten Menschen Bauern. Die Menschen brauchten eine gute Ernte. Denn nur so hatten alle genug zu essen. Der Fluss Nil überflutete die Ufer jedes Jahr. Dann blieb eine dicke Schicht aus Lehm auf den Feldern zurück. Dieser Lehm war sehr fruchtbar und das Getreide auf den Feldern konnte gut wachsen. Aber manchmal stieg das Wasser zu hoch. Dann wurde das Getreide überschwemmt und die Ernte war schlecht. Deshalb war es wichtig, immer genug Getreide zu lagern. Denn das gelagerte Getreide konnte man während einer Hungersnot nutzen.

Wusstest du das?

Es ist wichtig, dass man seine Fehler auch bereut. Das ist die Botschaft in der Geschichte von Josef. Josef bringt seine Brüder in eine schwierige Lage. Er will sehen, ob sie aus ihren Fehlern gelernt haben. Denn die Brüder hatten Josef im Stich gelassen. Lassen sie auch Benjamin im Stich? Oder helfen sie ihm? Als Josef sieht, dass sich die Brüder wirklich geändert haben, vergibt er ihnen.

48

Christentum

Das Christentum entstand vor ungefähr 2.000 Jahren im Nahen Osten. Christen leben nach den Lehren von Jesus. Sie glauben daran, dass Jesus der Sohn von Gott war. Und dass er auf die Erde kam, um den Menschen mehr über Gott zu erzählen.

Die Geschichten über das Leben von Jesus stehen in der Bibel. So nennt man das heilige Buch der Christen. Es besteht aus zwei Teilen: dem Alten Testament und dem Neuen Testament. Die Erzählungen aus dem Alten Testament stehen auch in der Tora, dem heiligen Buch der Juden. Die Christen haben diese Erzählungen übernommen. Sie handeln von der Zeit, bevor Jesus lebte. Und sie erklären zum Beispiel, wie Gott die Erde erschaffen hat. Im Neuen Testament geht es dann um das Leben von Jesus und den ersten Christen.

Die Geburt von Jesus

Vor sehr langer Zeit lebt eine junge Frau in der Stadt Nazareth. Ihr Name ist Maria. Sie ist mit dem Zimmermann Josef verlobt. Das heißt, die beiden wollen bald heiraten.

Als Maria eines Tages zu Hause arbeitet, sieht sie ein helles Licht. Das Licht kommt vom Engel Gabriel, der vor ihr im Zimmer steht. Da bekommt Maria große Angst.

„Hab keine Angst, Maria", sagt der Engel. „Heute ist ein besonderer Tag. Denn Gott hat dich ausgewählt. Du sollst ein Kind bekommen, ein sehr besonderes Kind. Es wird die Welt retten. Sein Name wird Jesus sein."

„Ich werde tun, was Gott will", sagt Maria.
Sie verbeugt sich vor dem Engel. Als sie wieder nach oben sieht, ist der Engel verschwunden.

Bald darauf heiraten Josef und Maria. Maria ist schwanger. Die beiden freuen sich auf das Kind.

Josef und Maria leben zusammen in der Stadt Nazareth. Aber bald gibt es einen Befehl vom König. Alle Menschen sollen in den Ort gehen, wo sie geboren sind. Denn so kann der König alle Menschen zählen lassen.

Josef kommt aus Bethlehem. Bethlehem ist weit entfernt von Nazareth. Aber er muss mit Maria dorthin reisen.

Es ist eine lange Reise. Maria reitet auf einem Esel. Josef geht vor ihr her. Nachts schlafen sie am Wegrand. Nach einigen Tagen kommen sie endlich in Bethlehem an.

In der Stadt ist viel los. Überall sind Menschen auf der Reise. Das Kind kann jederzeit auf die Welt kommen. Deshalb geht Josef in jede Herberge und fragt nach einem Platz zum Schlafen. Aber alle Herbergen sind voll. Josef ist verzweifelt. Wo soll seine Frau jetzt das Kind bekommen?

Da hat ein freundlicher Mann Mitleid mit ihnen. „Ich habe kein Zimmer für euch in der Herberge“, sagt er. „Aber ihr könnt in meinem Stall schlafen.“

Und so bekommt Maria in dieser Nacht ihr Kind in einem kleinen Stall. Sie nennt das Kind Jesus. So, wie der Engel es ihr gesagt hat.

Maria wickelt das Kind in Tücher und legt es in eine Krippe, auf weiches Stroh. Die Krippe ist eigentlich der Futtertrog für die Tiere. Aber für das Kind gibt es keinen anderen Platz zum Schlafen.

Zur gleichen Zeit sind Hirten in der Nähe von Bethlehem unterwegs. Sie sitzen auf einem Hügel und passen auf ihre Schafe auf. Es ist schon sehr spät und die Hirten sind müde. Aber plötzlich sehen sie ein helles Licht am dunklen Himmel. Es ist ein Engel. Die Hirten bekommen Angst.

Aber der Engel sagt: „Habt keine Angst. Ich bringe euch eine gute Nachricht. Heute ist in Bethlehem ein Kind geboren worden. Es ist ein besonderes Kind. Denn es wird die Welt retten. Sucht es schnell! Es liegt in einer Krippe im Stroh."

Dann kommen noch mehr Engel. Und sie singen: „Ehre sei Gott im Himmel. Und Friede auf Erden für alle Menschen, die Gott liebt."

Als die Engel weg sind, laufen die Hirten schnell nach Bethlehem. Denn sie wollen das Kind sehen. Sie finden es in einem kleinen Stall. Es liegt in einer Krippe. Alles ist so, wie der Engel gesagt hat.

Die Hirten knien vor dem Kind nieder. Sie erzählen Josef und Maria von dem Engel. Dann gehen sie zurück zu ihren Schafen. Auf dem Weg erzählen sie jedem vom Jesuskind. Und sie erzählen von den wunderbaren Dingen, die sie gesehen und gehört haben. So wissen bald alle im Land über die Geburt von Jesus Bescheid.

Auch drei weise Männer aus dem Osten ziehen los, um das Kind zu finden. Denn in der Nacht haben sie einen hellen Stern am Himmel gesehen. Und das ist ein Zeichen. Ein neuer König ist geboren. So steht es in den alten Schriften. Nun wollen sie diesen neuen König finden und ehren.

Zu dieser Zeit ist Herodes der König. Auch er hört von dem neuen König Jesus. Herodes wird sehr wütend. Denn er will seine Macht nicht teilen. Er will keinen neuen König in seinem Land. Deshalb ruft er die drei weisen Männer zu sich.

„Kommt zu mir, wenn ihr das Kind gefunden habt“, sagt Herodes zu den weisen Männern. „Dann kann ich es auch ehren.“

Aber Herodes will Jesus nicht ehren. Er hat einen bösen Plan: Er will das Kind töten.

Die drei weisen Männer gehen aus dem Palast. Und sie folgen dem hellen Stern. So kommen sie nach Bethlehem. Und dort finden sie Maria, Josef und das Jesuskind. Sie sind glücklich und knien nieder. Sie geben dem Kind drei Geschenke: Gold, Weihrauch und Myrrhe. Drei Geschenke wie für einen König.

In dieser Nacht haben alle drei weisen Männer denselben Traum. Jemand sagt ihnen, sie sollen nicht nach Jerusalem gehen. Sie sollen auf einem anderen Weg nach Hause gehen, damit König Herodes sie nicht finden kann. Also reisen die drei Weisen auf einem anderen Weg nach Hause.

Bald darauf träumt Josef von einem Engel. „Geh mit Maria und Jesus nach Ägypten“, sagt der Engel. „Beeilt euch! Ihr dürft keine Zeit verlieren.

Herodes sucht nach eurem Kind. Und wenn er es findet, wird er es töten."

Josef weckt Maria sofort. Und sie ziehen zusammen los. Die Reise nach Ägypten ist sehr lang. Aber sie kommen sicher dort an. Josef träumt bald wieder von einem Engel. Aber dieses Mal hat der Engel eine gute Nachricht. Denn Herodes ist tot. Deshalb können Josef, Maria und Jesus zurück nach Nazareth gehen.

Wusstest du das?

Jedes Jahr feiern die Christen die Geburt von Jesus mit dem Weihnachtsfest. Viele gehen in die Kirche. Man schenkt sich etwas und verschickt Karten. Oft gibt es etwas Besonderes zu essen. Keiner weiß, wann genau Jesus geboren wurde. Die ersten Christen entschieden sich für den 25. Dezember. Denn an diesem Tag haben sie früher ein altes Winterfest gefeiert.
Manche Christen feiern auch den „Dreikönigstag" am 6. Januar. An dem Tag sollen die drei weisen Männer das Jesuskind besucht haben.

Wusstest du das?

Engel kommen oft in christlichen Geschichten vor. Sie sind besondere Wesen. Sie kommen aus dem Himmel. Engel überbringen den Menschen auf der Erde Botschaften. Ein wichtiger Botschafter ist der Engel Gabriel. Er erzählt den Hirten von der Geburt des Jesuskindes.
Alle Engel werden mit Flügeln und einem Heiligenschein dargestellt. Der Heiligenschein ist ein großer Ring aus hellem Licht über dem Kopf des Engels.

Wusstest du das?

Die drei weisen Männer waren vermutlich Sterndeuter. Denn sie haben die Sterne beobachtet und nach besonderen Zeichen gesucht. Zeichen wie der helle Stern, der sie zu Jesus führt.
Niemand weiß genau, wie viele weise Männer es waren. Aber Christen glauben, dass es drei Männer waren. Denn Jesus bekommt drei Geschenke.

Der verlorene Sohn

Es lebt einmal ein reicher Bauer mit zwei Söhnen. Eines Tages geht der jüngste Sohn zu seinem Vater und sagt: „Vater, ich weiß, dass mein Bruder und ich nach deinem Tod dein Geld und deinen Besitz erben sollen. Aber ich will kein Bauer mehr sein. Ich will mein eigenes Geschäft gründen. Kann ich meinen Anteil am Erbe jetzt schon bekommen?“

Der Vater ist einverstanden. Er gibt seinem Sohn seinen Anteil von dem Geld und von dem restlichen Besitz.

Ein paar Tage später zieht der jüngste Sohn los in ein fremdes Land. Aber er gründet kein Geschäft und er arbeitet nicht. Stattdessen gibt er sein ganzes Geld für Glücksspiele, teure Kleider, Frauen und Wein aus. Schnell ist kein Geld mehr übrig. Und es wird noch schlimmer. Denn es bricht eine Hungersnot aus. Der jüngste Sohn muss seinen ganzen Besitz verkaufen, um Essen zu kaufen. Aber natürlich reicht auch dieses Geld nicht lange. Danach muss er betteln.

Nach einiger Zeit findet der Sohn Arbeit bei einem Bauern. Er kümmert sich dort um die Schweine. Er ist aber immer noch so hungrig, dass er das Futter für die Schweine selbst isst.

„Was habe ich nur Schlimmes aus meinem Leben gemacht", sagt er zu sich selbst. „Sogar die Knechte von meinem Vater haben ein besseres Leben als ich. Ich gehe zurück zu meinem Vater. Und ich bitte ihn um Vergebung. Ich bin es wirklich nicht wert, dass er mich weiter seinen Sohn nennt. Aber vielleicht kann ich auf dem Hof als Knecht für ihn arbeiten."

Und so macht sich der jüngste Sohn auf den Weg nach Hause. Nach einer langen Reise kommt er endlich beim Hof von seinem Vater an. Sein Vater sieht ihn schon von Weitem kommen und läuft voller Freude auf ihn zu. Er umarmt seinen Sohn und küsst ihn auf die Wangen.

„Vater", sagt der Sohn. „Ich war so dumm und albern. Ich bin es nicht wert, dass du mich deinen Sohn nennst. Denn ich habe viele falsche Entscheidungen getroffen."

„Sei still, mein Sohn“, antwortet der Vater. „Das ist jetzt nicht wichtig.“

Dann ruft der Vater einen Diener und sagt: „Holt saubere Kleider und neue Schuhe für meinen Sohn. Heute Abend feiern wir ein großes Fest. Wir werden speisen wie Könige und glücklich sein. Denn ich dachte, mein geliebter Sohn ist tot. Aber jetzt ist er wieder da!“

Zur gleichen Zeit arbeitet der ältere Sohn hart auf dem Feld. Da hört er Musik vom Hof. Er ist verwirrt. Und er fragt einen Knecht, was los ist.

„Dein Bruder ist wieder zu Hause“, sagt der Knecht. „Und dein Vater feiert seine Rückkehr mit einem großen Fest.“

Da wird der ältere Sohn wütend. Wie kann sein Vater so etwas tun? Er bleibt auf dem Feld. Er will nicht nach Hause gehen und seinen Bruder begrüßen. Da kommt der Vater und suchte ihn.

„Was ist los, mein Sohn?“, fragt der Vater. „Komm doch und begrüße deinen Bruder.“

„Aber Vater“, sagt der älteste Sohn. „Ich arbeite so hart für dich. Und ich mache immer alles, was du sagst. Ich habe noch nie eine Belohnung dafür bekommen. Mein Bruder hat dein ganzes Geld ausgegeben. Für Spiele und Wein und Frauen! Und jetzt feierst du seine Rückkehr mit einem Fest?“

„Mein Sohn“, sagt der Vater sanft. „Ich habe dich sehr lieb. Mach dir deshalb keine Sorgen. Alles, was ich habe, wird eines Tages dir gehören. Aber heute wollen wir glücklich sein. Denn dein Bruder war lange weg. Jetzt ist er wieder da. Deshalb komm mit und feiere mit uns.“

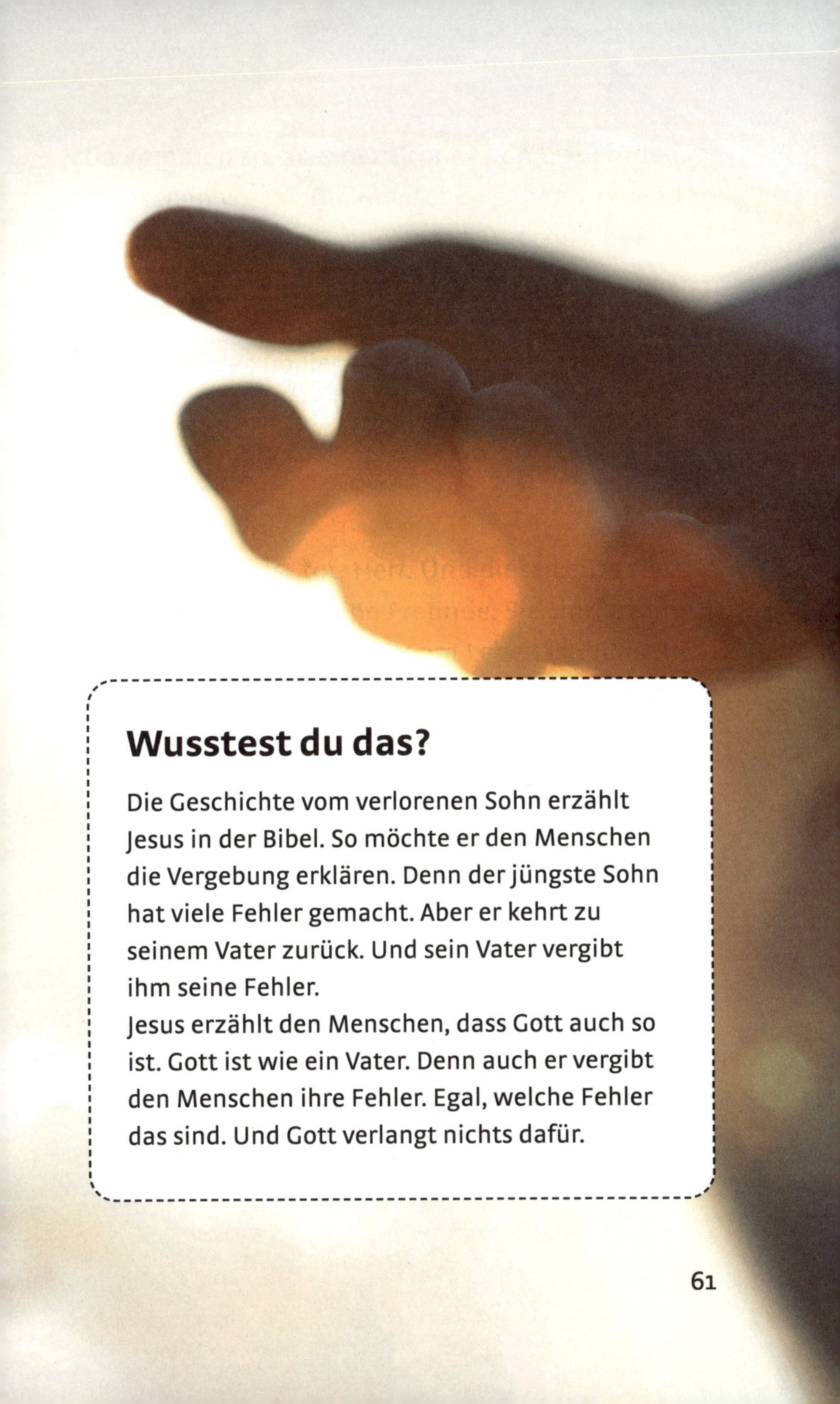

Wusstest du das?

Die Geschichte vom verlorenen Sohn erzählt Jesus in der Bibel. So möchte er den Menschen die Vergebung erklären. Denn der jüngste Sohn hat viele Fehler gemacht. Aber er kehrt zu seinem Vater zurück. Und sein Vater vergibt ihm seine Fehler.
Jesus erzählt den Menschen, dass Gott auch so ist. Gott ist wie ein Vater. Denn auch er vergibt den Menschen ihre Fehler. Egal, welche Fehler das sind. Und Gott verlangt nichts dafür.

Islam

Auch der Islam gehört zu den großen Religionen. Die Anhänger des Islam nennt man Muslime. Sie glauben an einen Gott, den sie Allah nennen. Allah begleitet sie durch ihr Leben.

Den Islam gibt es ungefähr seit dem Jahr 600 nach Christus. Er entstand im Nahen Osten. Dort lebte ein Mann mit dem Namen Mohammed. Er wurde 570 nach Christus in der Stadt Mekka geboren.

Mohammed war ein Prophet. Die Muslime glauben, dass Allah Mohammed Botschaften gegeben hat. Allah hat gesagt, wie die Menschen ihr Leben führen sollen. Und Mohammed soll allen diese Regeln erzählen. Aber Allah hat nicht selbst mit Mohammed gesprochen, sondern mit der Hilfe vom Engel Gabriel. Es ist derselbe Engel wie in der Bibel. Auf Arabisch heißt der Engel „Djibriel".

Die Worte von Allah stehen im Koran, dem heiligen Buch der Muslime. Hier liest du zwei Geschichten aus dem Koran.

Die erste Offenbarung von Mohammed

Mohammed ist ein netter, junger Mann. Er arbeitet hart und alle mögen ihn. Denn er ist sehr ehrlich. Deshalb nennen ihn die Leute „al-Amin“. Das bedeutet „treu zur Wahrheit“.

Als Mohammed 25 Jahre alt ist, arbeitet er für eine reiche Witwe. Ihr Name ist Chadiedja. Sie ist eine Händlerin. Sie verkauft Waren auf dem Markt in Mekka. Chadiedja ist nicht nur reich, sondern auch weise. Jeder schätzt sie.

Chadiedja findet, dass die Ehrlichkeit von Mohammed etwas Besonderes ist. Und deshalb will sie ihn heiraten. Mohammed willigt ein. Nicht viel später heiraten die beiden.

Lange Zeit lebt Mohammed glücklich in Mekka. Er liebt seine Frau und die Geschäfte laufen gut. Aber es gibt auch Dinge, die ihn unglücklich machen. Er sieht, dass manche Menschen immer noch mehr wollen: mehr Geld und mehr Macht. Er sieht, dass

sie deshalb gemein werden. Und die armen Menschen müssen dann darunter leiden.

Mohammed will immer öfter allein sein. Dann betet er und meditiert. Er denkt auch darüber nach, wie man die ganze Welt gerechter machen kann. Manchmal kommt er lange nicht nach Hause. Dann ist er in einer Höhle. Dort lebt er von Wasser, trockenem Brot und Datteln. Und er hört Stimmen, die sagen: „Friede sei mit dir, o Gesandter Gottes!“

Aber Mohammed weiß nie, wer da zu ihm spricht. Eines Tages geschieht etwas Besonderes. Gerade als Mohammed betet, wird die ganze Höhle von einem Engel erleuchtet. Der Engel hält ein Stück Stoff in der Hand. Der Stoff ist eng mit Worten beschrieben.

„Lies!“, sagt der Engel zu Mohammed.

„Ich kann nicht lesen“, antwortet Mohammed. Denn er hat nie Lesen und Schreiben gelernt.

Aber der Engel sagt wieder: „Lies!“

Plötzlich merkt Mohammed, dass er die Worte lesen kann. Und er weiß, was sie bedeuten. Es ist, als ob diese Worte schon immer in ihm gewesen sind. Als ob sie in sein Herz geschrieben sind. Er spricht die Worte laut aus.

„Wiederhole die Worte!", spricht Mohammed. „Im Namen deines Herrn, der alle Menschen aus einem Tropfen Blut gemacht hat. Wiederhole die Worte! Dein Herr ist großzügig und gibt viel. Er bringt den Menschen mit seiner Feder bei, was sie nicht wissen."

Mohammed rennt aus der Höhle. Doch dann hört er wieder die Stimme.

„O Mohammed, fürchte dich nicht. Du bist ein Bote von Allah. Und ich bin der Engel Djibriel."

Mohammed dreht sich um. Er sieht den Engel, der in der Höhle zu ihm gesprochen hat. Dann läuft er nach Hause. Er ist immer noch sehr verängstigt. Zu Hause erzählt er Chadiedja, was geschehen ist. Sie tröstet ihn und beruhigt ihn. Denn sie weiß, dass der Engel die Wahrheit gesagt hat.

Zu diesem Zeitpunkt ist Mohammed 40 Jahre alt. Und von da an ändert sich sein Leben für immer. Denn er hat den Auftrag erhalten, ein Bote und Gesandter von Allah zu sein. Von da an hat Mohammed nur noch ein Ziel: den Menschen zu sagen, wie sie im Sinne von Allah leben sollen. Diese Art zu leben wird dann Islam genannt. Das bedeutet: „dem Willen Allahs gehorchen".

Der Engel Djibriel kommt danach sehr oft zu Mohammed. Manchmal ist der Engel dann sehr groß. Aber manchmal sieht Mohammed nur ein Paar Augen. Oder er hört nur eine Stimme. Manchmal hört er auch nur den Klang einer Glocke.

Alle Botschaften kommen von Allah. Und Mohammed erzählt sie seinen Freunden weiter. Manche Freunde schreiben die Worte auf. So werden sie für immer bewahrt. Später werden Allahs Botschaften in einem Buch gesammelt, dem heiligen Koran.

Wusstest du das?

Der Koran ist das heilige Buch für den Islam. Er enthält die Botschaften von Allah für die Muslime. Muslime haben großen Respekt vor dem Koran. Denn sie glauben, dass die genauen Worte von Allah darin stehen. Diese Worte hat der Engel Djibriel an Mohammed weitergegeben.

Muslime nutzen den Koran als Leitfaden für ihr Leben. Es ist eine wichtige Pflicht für Muslime, den Koran zu lesen, vorzutragen und genau zu studieren.

Wusstest du das?

Muslime haben fünf Pflichten. Man nennt sie die fünf Säulen des Islams. Diese Pflichten stützen den Islam, wie Säulen aus Stein ein Gebäude stützen.
Die erste Säule ist die Schahada. Das ist ein Satz, der den Glauben der Muslime zusammenfasst: „Es gibt keinen Gott außer Allah und Mohammed ist sein Prophet.“
Die anderen Säulen sind das Beten, das Spenden von Geld oder Gegenständen an arme Menschen, das Fasten im Monat Ramadan und die Pilgerfahrt nach Mekka.

Die Geschichte von Ibrahim und Ismael

Der Prophet Ibrahim ist ein reicher Mann. Aber er ist auch bescheiden und sehr gläubig. Er lebt zusammen mit seinen beiden Frauen Sara und Hagar und mit seinem Sohn Ismael, den er sehr liebt.

Eines Nachts hat Ibrahim einen Traum. Er träumt, dass Allah von ihm verlangt, seinen Sohn zu opfern. Ismael ist zu diesem Zeitpunkt erst zehn Jahre alt. Doch Ibrahim geht zu Ismael und erzählt ihm von seinem Traum.

„Vater, wir müssen tun, was Allah will“, sagt Ismael daraufhin.

Und so ziehen Ibrahim und sein Sohn los. Sie sind auf dem Weg nach Mina. Das ist ein Tal in der Nähe der heiligen Stadt Mekka. Auf dem Weg begegnen sie einem Fremden. Es ist der Teufel, der sich als Mensch verkleidet hat. Der Fremde steht mitten auf der Straße.

„Wohin geht ihr?", fragt der Fremde.

„Wir werden tun, was Allah will", antwortet Ibrahim.

„Aber Allah will doch nicht, dass du deinen eigenen Sohn tötest", sagt der Fremde. „So eine schlimme Sache muss das Werk des Teufels sein. Geh wieder nach Hause und vergiss es."

Doch Ibrahim erkennt den Fremden. Er sieht, dass es der Teufel ist. Also hört Ibrahim ihm nicht länger zu und geht weiter.

Dann probiert der Teufel, Ismael zu überzeugen.

„Weißt du, was dein Vater vorhat? Er wird dich töten!", sagt er zu dem Jungen.

„Mein Vater muss tun, was Allah sagt", antwortet Ismael.

Doch der Teufel gibt nicht auf. Nun geht er zu Hagar, der Mutter von Ismael. Aber auch sie hört nicht auf ihn. Dann bewerfen Ibrahim und Ismael den Teufel mit Steinen und vertreiben ihn so.

Nun ist es Zeit für die große Prüfung. Es ist Zeit für Ibrahim, seinen Sohn zu opfern.

Ismael liegt mit dem Gesicht auf der Erde. So kann er seinen Vater nicht sehen. Ibrahim nimmt ein Messer in die Hand. Er setzt das Messer an die Kehle von seinem Sohn. Doch da wird ihm das Messer aus der Hand geschlagen.

Plötzlich erklingt die Stimme von Allah: „Ibrahim, töte deinen Sohn nicht. Du hast mir bereits deine Liebe und deinen Gehorsam bewiesen. Opfere diese Ziege und nicht deinen Sohn."

Ibrahim und Ismael fangen eine Ziege, die Allah ihnen geschickt hat. Und sie opfern die Ziege, wie Allah es gesagt hat.

Wusstest du das?

Die Muslime glauben, dass Allah viele Propheten geschickt hat. Die Propheten erklären den Menschen, wie sie leben sollen. Mohammed war der letzte und der wichtigste Prophet. Die Propheten vor ihm waren: Adam, Noeh (Noah), Ibrahim (Abraham), Moesa (Moses) und Isa (Jesus). Diese Propheten sind auch im jüdischen Glauben und im christlichen Glauben sehr wichtig.

Wusstest du das?

Der Haddsch ist die Pilgerfahrt nach Mekka. Das ist die fünfte Säule im Islam. Der Haddsch beginnt und endet an der Kaaba in Mekka. Die Kaaba ist ein würfelförmiges Gebäude. Die Muslime glauben, dass Ibrahim und Ismael die Kaaba erbaut haben. Die Kaaba ist ein Ort für die Anbetung von Allah. Jeder Pilger muss 14 Mal um die Kaaba herumgehen. Sieben Mal zu Beginn der Pilgerfahrt. Und sieben Mal am Ende.

Sikhismus

Die Anhänger vom Sikhismus nennt man Sikhs. Sikhs glauben an einen Gott, der alles sieht und alles weiß. Dieser Gott hat die Welt erschaffen. Und er hat zu zehn Gurus gesprochen. Gurus sind so etwas wie Lehrer im Sikhismus. Gott hat ihnen gesagt, wie die Menschen ihr Leben führen sollen. Deshalb leben die Sikhs nach den Lehren von diesen zehn Gurus.

Der erste Guru war ein Mann. Er hieß Guru Nanak. Er gründete die Religion Sikhismus vor mehr als 500 Jahren in Punjab. Das ist eine Gegend im Nordwesten von Indien. In diesem Buch stehen zwei Geschichten aus dem Leben von zwei Gurus.

Der reiche Mann und die silberne Nadel

Guru Nanak ist der erste Guru im Sikhismus. Er reist viel durch Indien. Auf seiner Reise erzählt er den Menschen von Gott.

Einmal kommt Guru Nanak in die große Stadt Lahore. Dort lebt ein reicher Mann in einem wunderschönen Palast. Sein Name ist Duni Chand. Duni Chand hört, dass der Guru Nanak in der Stadt ist. Er lädt den Guru zu einem großen Fest ein. So will Duni Chand den Guru ehren.

„Vielen Dank für die Einladung", sagt Guru Nanak. „Aber ich komme nicht. Denn ich mag keine großen Feste. Ich mag die einfachen Dinge im Leben. Und ich möchte keine Umstände machen."

Aber Duni Chand will davon nichts hören. Er wiederholt die Einladung, bis der Guru zustimmt.

„Es wird das beste Essen geben", sagt Duni Chand. „Das beste Essen, das du je gegessen hast."

Und es gibt wirklich sehr gutes Essen. Alle Gäste sind satt und sitzen zufrieden am Tisch.

Da sagt Duni Chand zu Guru Nanak: „Ich bin sehr reich. Ich bin einer der reichsten Männer in der ganzen Stadt. Kann ich etwas für dich tun, heiliger Guru? Ich würde alles tun. Du musst mich nur fragen."

Guru Nanak denkt nach. Er sieht sich all das Gold und Silber im Raum an. Er sieht sich auch die Gäste an. Alle tragen teure Kleider aus Seide. Dann greift Guru Nanak in seine Tasche. Er holt eine kleine Schachtel heraus. In dieser Schachtel liegt eine dünne, silberne Nadel.

„Ich weiß, was du für mich tun kannst", sagt Guru Nanak. Und er gibt Duni Chad die silberne Nadel. „Pass gut auf diese Nadel auf. Und gib sie mir im Himmel wieder zurück, wenn wir uns dort nach dem Tod wiedersehen."

„Natürlich, heiliger Guru, natürlich", sagt Duni Chand. Er ist glücklich über seine Aufgabe. Denn er hat das Gefühl, wichtig zu sein.

Dann verabschieden die Gäste sich. Und Duni Chand geht zu seiner Frau. Denn er will ihr die große Neuigkeit erzählen.

„Guru Nanak denkt, ich bin ein wichtiger Mann“, sagt er stolz. „Denn er hat mir eine Aufgabe gegeben. Ich soll für ihn auf diese Nadel aufpassen. Und ihm die Nadel im Himmel zurückgeben.“

Seine Frau lacht. „Sei kein Dummkopf! Wie willst du diese Nadel mit in den Himmel nehmen?“

Duni Chand ist verwirrt. Er rennt aus dem Palast und sucht den Guru. „Oh heiliger Guru Nanak“, ruft er. „Bitte hilf mir! Wie soll ich deine Nadel mit in den Himmel nehmen, wenn ich sterbe?“

Guru Nanak sieht ihn freundlich an. „Diese Nadel ist so klein und leicht“, sagt er. „Und du weißt nicht, wie du etwas so Kleines mitnehmen kannst? Was ist mit all deinem Gold und Silber? Wie willst du deine Schätze mitnehmen, wenn du stirbst?“

Der reiche Duni Chand schämt sich plötzlich. Denn er weiß: Der Guru hat recht.

All das Gold und Silber ist nichts wert. Er kann es nicht mit in den Himmel nehmen, wenn er stirbt.

Von da an lebt Duni Chand nach den Lehren von Guru Nanak. Er schenkt sein Geld den armen Menschen. Er gibt den hungrigen Menschen zu essen. Er versucht, Menschen in Not zu helfen. Und als er stirbt, kann er vieles mit in den Himmel nehmen: all die guten Taten aus seinem Leben.

Wusstest du das?

Guru Nanak ist der erste Guru. Er gründet die Religion Sikhismus. Schon als Kind interessiert er sich sehr für Religionen. Als er 30 Jahre alt ist, ist er drei Tage lang weg. Und keiner weiß, wo er war. Er erzählt später, dass er in der Zeit Gott gesehen hat. Gott hat zu Guru Nanak gesprochen. Der Guru soll den Menschen zeigen, wie sie leben sollen. Sie sollen zum Beispiel ehrlich sein. Und sie sollen sich gegenseitig wertschätzen. Keiner ist wichtiger als ein anderer. Nicht einmal ein König. Die Anhänger von Guru Nanak werden dann Sikhs genannt. „Sikh“ bedeutet: „einer, der lernt“.

Wusstest du das?

Findest du Geld und Besitz sehr wichtig? Dann lebst du nicht so, wie Gott es möchte. Das ist die Botschaft von der Geschichte über Duni Chand. Denn Guru Nanak zeigt ihm, dass Reichtum nicht das Wichtigste im Leben ist.
Es ist viel wichtiger, ein gutes Leben zu führen und anderen Menschen zu helfen. Nur so kann man Gott dienen. Und so fühlt man sich Gott näher. Sikhs nennen es „seva“, wenn man jemandem hilft. Das bedeutet „Dienst“. Der Dienst ist für Sikhs sehr wichtig.

Der Kaufmann und die 500 Goldmünzen

Der achte Guru ist der jüngste Guru von allen. Er ist erst fünf Jahre alt, als er Guru wird. Als er sieben Jahre alt ist, wird er sehr krank. Kurz bevor er stirbt, sagt er: „Ihr werdet meinen Nachfolger in Bakala finden. Da lebt der nächste Guru."

Bakala ist ein kleines Dorf im Nordwesten von Indien. Es ist ein friedliches Dorf. Hier passiert nie etwas Aufregendes. Aber die letzten Worte vom Guru ändern das. Durch seine Worte entsteht ein großes Chaos im Dorf. Viele Menschen sagen plötzlich, sie seien der nächste Guru. Sie wollen als falsche Gurus reich werden. Denn sie nehmen Geld und Geschenke von reichen Leuten an. Obwohl sie gar kein Recht dazu haben. Niemand weiß mehr, wer der echte Guru ist. Das geht nun schon fast ein Jahr so. Und niemand hat bisher den echten Guru gefunden.

Doch dann geschieht etwas Seltsames. Ein reicher Kaufmann ist mit seinem Boot auf dem Meer

unterwegs. Er heißt Makhan Shah. Er hat viele teure Parfüms und Stoffe aus Seide dabei.

Plötzlich beginnt es zu stürmen. Der Wind braust laut und es regnet heftig. Große Wellen schaukeln das Schiff hin und her. Makhan Shah ist ein erfahrener Seemann. Aber er hat noch nie so einen starken Sturm erlebt. Er weiß, dass sein Schiff bald untergehen wird. Makhan Shah ist verzweifelt. Er schließt seine Augen und betet.

„Lieber Gott, rette mein Schiff. Dann werde ich dem Guru 500 Goldmünzen geben. Um etwas Gutes für alle Sikhs zu tun. Wenn du uns nur rettest!“

Und Gott erhört das Gebet von Makhan Shah. Der Sturm hört auf. Makhan Shah, seine Besatzung und all die teuren Parfüms und Stoffe sind gerettet. Das Schiff landet sicher im Hafen.

Makhan Shah reist sofort zum Dorf Bakala. Denn er will dem Guru die 500 Goldmünzen geben. Er will sein Versprechen halten. Aber in Bakala gibt es ein Problem. Viele Männer im Dorf sagen, dass sie der Guru sind. Wer sagt nun die Wahrheit?

Wem soll Makhan Shah die Goldmünzen geben? Wer ist der echte Guru?

Da hat Makhan Shah eine Idee. Ich werde zu allen Gurus gehen, denkt er. Und dann werde ich jedem Guru zwei Goldmünzen geben. Die falschen Gurus werden die Münzen nehmen. Nur der echte Guru wird die Münzen nicht haben wollen. Denn er wird wissen, wie viele Münzen ich ihm eigentlich versprochen habe.

Und so geht Makhan Shah von Haus zu Haus und von Guru zu Guru. Im ersten Haus sitzt ein Mann auf einem schönen Stuhl. Makhan Shah gibt ihm zwei Goldmünzen.

„Gott segne dich, mein Sohn“, sagt der Mann. „Du bist sehr klug. Denn du hast den echten Guru gefunden. Was willst du mir noch geben? Deinen Mantel vielleicht? Dieser schöne Stoff gefällt mir gut.“

Makhan Shah geht schnell weiter. Dieser Mann ist sicher nicht der echte Guru. Denn er ist viel zu gierig.

Makhan Shah besucht an diesem Tag noch viele andere Gurus. Aber alle sind falsche Gurus. Er ist verzweifelt. Wie soll er bloß den echten Guru finden?

Da sieht er einen alten Mann auf der Straße sitzen. „Wissen Sie, wer der echte Guru ist?“, fragt ihn Makhan Shah.

„Nun“, sagt der alte Mann. „Es gibt hier einen heiligen Mann. Sein Name ist Tegh Bahadur. Er lebt sehr zurückgezogen am Rande vom Dorf. Er hat nie gesagt, dass er der echte Guru ist. Aber vielleicht ist er der, den du suchst.“

„Danke“, sagt Makhan Shah. Und er macht sich sofort auf die Suche nach Tegh Bahadur.

Makhan Shah findet Tegh Bahadur in einer kleinen Hütte am Rande vom Dorf. Dort sitzt Tegh Bahadur mit geschlossenen Augen und meditiert. Makhan Shah legt ihm zwei Goldmünzen in die Hand.

Langsam öffnet Tegh Bahadur die Augen. Er sieht die Münzen an. Dann sieht er Makhan Shah an.

„Was soll das?“, fragt er. „Du hast mir 500 Goldmünzen versprochen. Warum gibst du mir nur zwei Goldmünzen?“

Makhan Shah ist sehr glücklich. „Endlich!“, ruft er. „Ich habe den echten Guru gefunden!“
Dann gibt er dem Guru 500 Goldmünzen und rennt aus der Hütte.

Er klettert auf das Dach und ruft laut: „Ich habe den Guru gefunden! Ich habe den echten Guru gefunden!“

An diesem Abend wird in Bakala ein großes Fest gefeiert. Denn der neue Guru ist gefunden worden. Der neunte Sikh-Guru: Guru Tegh Bahadur.

Wusstest du das?

Es ist wichtig, Gott zu vertrauen. Das zeigt diese Geschichte. Denn Gott hat das Vertrauen von Makhan Shah belohnt. Er hat ihm geholfen, den echten Guru zu finden. Sikhs glauben daran, dass alle die Wahrheit finden können. Wenn sie nur Gott vertrauen.

Wusstest du das?

Guru Gobind Singh ist der letzte Sikh-Guru. Gobind Singh bestimmt das Buch Granth Sahib zu seinem Nachfolger. Er hat also keinen menschlichen Guru ernannt. Seitdem ist der Guru Granth Sahib das heilige Buch der Sikhs. Granth Sahib ist eine Sammlung von Gedichten. Die Gurus haben die Gedichte geschrieben. Einige Gedichte stammen auch von muslimischen und hinduistischen Heiligen.

Der Guru Granth Sahib ist sehr wichtig für die Sikhs. Das heilige Buch wird mit großer Sorgfalt und großem Respekt behandelt. Denn Sikhs glauben, dass es die Stimme von Gott ist.